낭만호미처럼

낭만호미처럼

1판 1쇄 인쇄 2021년 5월 24일
1판 1쇄 발행 2021년 5월 28일

지은이 베 니 김
펴낸이 나 영 찬
펴낸곳 MJ미디어
출판등록 1993. 9. 4. 제6-0148호
주소 서울시 동대문구 천호대로 4길 16(신설동 기전빌딩 2층)
전화 02-2238-7744
팩스 02-2252-4559
홈페이지 kijeonpb.co.kr

ISBN 978-89-7880-299-4

정가 10,000원

인생의 밭에서 캐내고 싶은 게미있는 것들 77편

낭만호미처럼

베니김 시집

MJ 미디어

머리말

인생길 반고비에 자칭 낭만시인의 흉내를 내게 될 줄은 몰랐습니다. 경자년 진격의 코로나가 나타나자 온 세상이 미쳐 돌아갈 무렵이었지요. 마침 산골마을에 사는지라, 짬짬이 시작(詩作)에 빠져보았답니다. 이런 게 지구별에 소풍나온 느낌일까. 한마디로 상상적 일상탈출이랄까요.

어쩌면 두 번째 청춘기를 맞이하면서 편애했던 것들에 대해 읊조리고 싶었는지 모릅니다. 그래서 만난 것이 시(詩)였습니다. 학창시절에도 습작하면서 어설픈 흉내를 내보긴 했지요. 나에게 시(詩)는 생각망치이자, 아름다운 상상마술이기 때문입니다. 무엇보다 시(詩)를 통해 내가 이 세상에 온 이유를 찾아보고 싶었습니다.

꼬부랑 호미 한 자루 손에 들고 아고똥하니 촌스럽게 제멋에 겨워 시시지락(詩詩之樂)에 빠져본 셈이지요. 때로는 나홀로 유랑하거나 산골살이 하면서 경험한 것들을 생각나는 대로 정리해본 것입니다.

생각해보면 시를 쓴다는 것은 호미질처럼 이랑사이 한골매고 두골매듯 아름다운 상상을 캐내는 일인지도 모릅니다.

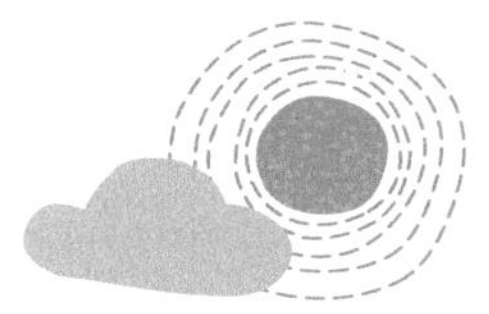

이젠 내안의 생각망치와 함께 두메산골의 낭만호미시인으로 살아가렵니다. 그저 밀짚모자에 호미자루 하나로 달그락 후비적거리며 게미있는 낭만의 삶을 캐내고 싶기 때문이랍니다.

아무쪼록 이 한 권의 책이 인생을 일구어가는 길에 조금이나마 뭉근한 위로의 시집(*77편 수록)이 되었으면 좋겠습니다.

2021년 소태정 산막詩골에서

베니김(형석)

차 례

제1부 꽃이 피면 알게 되리라

제2부 애오라지 편애하고 싶은 것들

제3부 게미진 인생을 캐내고 싶다면

지금 이대로 그대와 함께라면

마음 속에도 꽃이 핀 것 같아

바람처럼 훨훨 누빌레라.

제 1 부

꽃이 피면
알게 되리라

꽃빛자리를 여는 시간

꽃샘바람이 그대를 시샘할지라도
꽃빛자리를 여는 시간이라면
샛노랑 산수유처럼 톡톡 피어나리다.

내 안에 꽃이 피어난다면
그대가 피운 꽃일테니
샤랄라한 꽃자리를 고이 내어주리다.

내 품에 안은 당신은
너도바람꽃 같아서 나도바람꽃

그대의 꽃길을 위해서라면
한알의 밀알처럼 죽어서라도
샛노랑 꽃빛으로 고이 피워내리다.

“내 품에 안은 당신은 너도바람꽃 같아서

나도바람꽃이랍니다”

꽃바람 얄리

지금 이대로 그대와 함께라면
갈팡질팡 할 일 없기에
오락가락 할 일 없기에
마음 속에도 꽃이 핀 것 같아
얄리 얄리 얄라셩
바람처럼 훨훨 누빌레라.

일편꽃심

오랜 발자취 얼룩진 세월의
울림 속으로 사라져가네요.

어쩌다 무지개 떠오른 순간
여운이 뭉근하니 남아도는 건

달큰 커피향처럼 일편꽃심
당신과 마주쳤기 때문일까요.

꽃불이야

개울가에 갯버들 고개내미니
각설이 닮아선가 또다시
꽃난리 피우며 봄이 왔네.

길섶 사이로 하양 노랑
연분홍 꽃벙그는 바람에
꽃멀미 날 지경일세라.

내고향 시골길도 개나리
철쭉 꽃무리 알록달록
앞다투어 뿜뿜거리네.

진달래로 빚은 화전향에
두메산골 봄봄 익어가니
꽃불이야 아우성일세라.

꽃샘바람에 열받았나
버들가지 덩달아 춤추니
내 마음도 꽃불이 났네.

"꽃샘바람에 열받았나, 버들가지 덩달아
춤을 추니 내 마음도 꽃불이 났네"

꽃이 피면 알게 되리라

꽃눈개비 흩날리거나
하얀눈꽃 피어나거나

생게망게한 사시장철
꽃피고 지는 까닭일랑
어찌 한계절만으로
느낌표 하나 찍으리까

철따라서 쳇바퀴처럼
철모르는 바보꽃처럼
너나들이 같이 웃고
같이 울던 하세월이라

사노라면 고비 고비
꽃길인지 벼랑길인지
꽃이 피면 알게 되리라.

"너나들이 꽃피고 지는 까닭일랑...

느낌표 하나 찍고 사는 건 꽃이 피면 알게 되리라"

You will know if it blossom.

꽃차 한잔

눈새기꽃 필 무렵이면
바람에 한시름 날리고
봄망울 터지는 소리에
꽃차 한잔을 마신다.

오솔길 따라서
들불로 번지는
꽃들의 아우성

산들바람 따라
실려온 꽃향기
산새와 주거니 받거니
취하면 그뿐

봄마중길에 꽃이 피면
세상이 멀수록 좋아서
한잔의 꽃차를 우린다.

※이 시는 문예지 〈表現〉(2020, 제76호, 가을)에 신인 등단작 〈꽃차〉란 제목으로 실린 것임.

"눈새기꽃 필 때면 바람에 한시름 날리고

봄망울 터지는 소리에 꽃차한잔을 마신다."

어쩐지 사무치더라

꼬부랑 바람고개길 너머
아무런 흔적일랑 일도 없이
노을빛 속으로 영영 떠날 줄이야.

민들레 꽃씨마저 태우시길래
다신 만나지 말자
철썩같은 약속인줄 알았는데
사무치게 그리움으로 남을 줄이야.

타래난초처럼 배배 꼬이고 뒤틀려도
아름다운 그날의 울림일랑
미워해봐도 이대로일 줄이야.

소용돌이인가 꿈오라기인가
시간이 답인줄 알았더니
여전히 사무치게 그리울 줄이야.

소용돌이인가 꿈오라기인가 어쩐지 사무치더라

시간이 답인줄 알았더니 여전히 그리울 줄이야.

꽃씨 하나에 사랑을

꽃씨하나에 사랑을 태우면 태울수록
고통이란 걸
그땐 왜 몰랐을까?

바람결에 꽃씨하나 뿌리면 뿌릴수록
미련이란 걸
미처 몰랐습니다.

들꽃하나도 그리워하면 그리워할수록
소란이란 걸
이제서야 알았습니다.

“꽃씨하나에 사랑을 태우면 태울수록

고통이란 걸

그땐 왜 몰랐을까?”

눈꽃바람에 전하는 말

해넘이 한해를 지우고 새해 마주하니
눈꽃바람에 살짝쿵 뭉클거리걸랑
부디 사랑옵다 전해다오.

얼기설기 한해동안 수고한 나를
토닥토닥 달래주니 얼마나 고마웠는지.

마이산 일출봉에 소망을 담아내니
눈보라 휘날려도 비바람 불어도 좋다오.

눈들면 별천지요, 고개숙이면 꽃천지니
내겐 가슴벅찬 별빛 꿈길인지라.

소소리풍에도 아랑곳없이 꽃정을 주니
눈꽃바람에 마음 한자락 흔들리걸랑
부디 그리웁다 전해다오.

"눈들면 별천지요, 고개 숙이면 꽃천지라니
내겐 가슴벅찬 별빛 꿈길인지라."

하얀달밤이라면

별들이 노래하는 하얀달밤이라면
별하나에 쓸쓸한 사랑을 담아
바람처럼 슬며시 사라져갑니다.

바람에 일렁이는 하얀달밤이라면
밤꾀꼬리 외로운 사랑을 안고
술래처럼 저멀리 숨어버립니다.

별들이 손짓하는 하얀달밤이라면
창문너머 일렁이는 별빛아래
구름처럼 솜솜이 스쳐지나갑니다.

"별들이 손짓하는 달밤이라면 창문너머

별빛아래 구름처럼 솜솜이 스쳐갑니다."

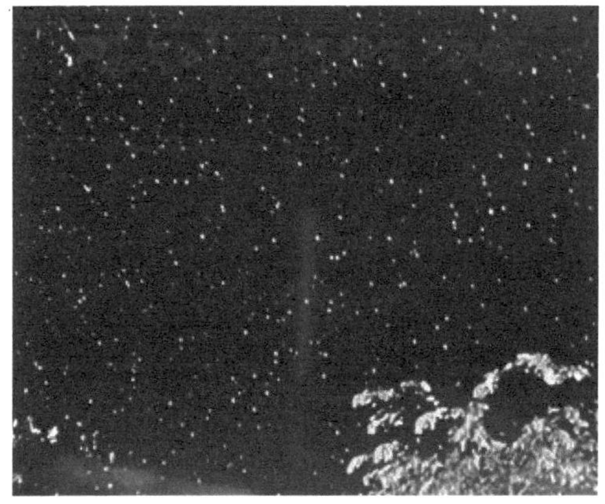

누빌레라

삼색제비꽃 팬지에 취한
아낙네의 손길이 아름다워

구름도 시샘하는 꽃다운 날
화들짝 바람나듯이
꽃술에 젖은 맘시울도
살랑살랑 춤추리라.

꽃샘에 너울너울 피어나는
봄까치꽃이라니 움추린
이내 마음 꽃비되어 누빌레라.

꽃피고 지는 건
낭만도 아니거늘
바람이 심술부리걸랑
꽃술로 달래리라.

"꽃샘에 너울너울 피어나는 봄까치꽃이라니
움추린 이내 마음도 꽃비되어 누빌레라"

꽃대처럼

단 하나의 꽃대처럼
굴레없이 피어나서는
흔들리지 않는 그대
미쁘기 그지없어라.

당신 없는 세상에
백리향인들 어이하리

그대 없는 세상에
천리향인들 어이하랴.

또 하나의 꽃대처럼
소리없이 태어나서는
애면글면하는 그대
꽃빛보다 아름다워라.

당신 없는 세상에 백리향인들 어이하리

그대 없는 세상에 천리향인들 어이하랴

꽃진자리엔

꽃피어도 마냥 즐거울 리 없을 지고
꽃지어도 마냥 슬퍼할 리 없을 진데

샘바람에 사울사울 꽃비 내릴 적에
감미로운 빛내림에 영그는 너울처럼
좋은 걸 보아도 좋은 지도 모른다지

하이얀 꽃보라에 넋나간 여인 마냥
작은 꽃씨 한아름 뿌리고 또 뿌려서
꽃진자리엔 꿈이라도 심어보련다.

어쩌면 꽃핀자리 이리도 아름다운지
어쩌면 꽃진자리 저리도 아름다운지

"어쩌면 꽃핀자리가 이리도 아름다운지
어쩌면 꽃진자리도 저리도 아름다운지"

꽃바라기

하매 풀꽃도 꽃다운데
그댄 그대로 곰살맞게
나는 나대로 사랑옵게
꽃다웁게 피어나리다.

정(情)이란

차 한잔의 대화라면
다정이요

술 한잔의 수작이라면
무정이라.

까닭없이 찾아오는 건
진정도 아니요.

터무니없이 찾아드는 건
주정일지도 모르지.

좋은 일은 좋은 대로
추한 일은 추한 대로
정이야 주거니 받거니

술바람안고 취할지언정
정따위에 흔들릴쏘냐.

"차 한잔의 대화라면 다정이요

술 한잔의 수작이면 무정이라"

만남

산들바람에 꽃비 내리던 날
이슬방울 아롱진 하얀 꽃망울은
아름다운 꽃두루 만남이었다.

들마루 실바람에 꽃비 내리던 날
은빛햇살 너울대던 노랑 꽃망울은
아련한 사랑의 만남이었다.

바람에 산빛흔들어 꽃비 내리던 날
물끄러미 바라본 분홍 꽃망울은
눈빛 설레는 꽃두레 만남이었다.

"바람이 산빛 흔들어 꽃비 내리던 날에
물끄러미 바라본 연분홍 꽃망울은
눈빛 설레는 꽃두레 만남이었다."

연정

사랑만으로 피어난 한송이 꽃처럼 내 마음자락
흔들어준 당신은 썅이로구 누구시길래?

봄이면 산수유처럼
샛노란 꽃바람 청춘으로 다가온 당신
여름엔 찔레꽃처럼
하얀향기 품은 열정으로 마주친 당신
가을엔 꽃무릇처럼
한무더기 낭만의 둥지로 감싸준 당신
겨울엔 동백꽃처럼
뭉근하니 달빛 여신으로 나타난 당신

노랑인가 연분홍인가, 하양으로 피고지더라도
당신은 진정 맘구석 달래주는 꽃바람이었습니다.

보랏빛 요정처럼 세월이 제아무리 변해가도
당신은 언제나 허세도 심술도 부리지 않았지요.

오색빛깔 사랑으로 피어나선 미주알고주알 시비도 없이 미쁜 꽃대라서 너무나 아름다웠습니다.

“사랑만으로 피어난 한송이 꽃처럼 내 마음

흔들어준 당신은 썅이로구 누구시길래?”

바람과 갈대의 대화

바람과 갈대가 만날 때면
왜 솔바람따라 흔들리는 걸까요.

갈대처럼 얄랑얄랑 흔들릴 때면
왜 옛살라비에 빠지는 걸까요.

바람과 갈대가 헤어질 때면
왜 매가리없이 시들어지는 걸까요.

갈대와 바람처럼 엇갈릴 때면
왜 뒤숭숭하니 허우적대는 걸까요.

바람과 갈대가 나부낄 때면
왜 꽃너울따라 썸타는 걸까요.

"바람과 갈대가 나부낄 때면
왜 꽃너울따라 썸타는 걸까요"

산수유 몽유가

고즈넉한 산골 개울가에 꽃길 열어젖히니
아침 햇살따라 샛노랑빛 산수유 꽃무리
너울향기에 두런두런 이야기꽃 피운다.

시샘가득 연노랑빛 물감을 풀어놓았나,
산수유 생그레이 손짓하노라면 움추렸던
마음구석에 춘정을 담아 기지개 피운다.

춘설꽃샘에 '춘래불사춘'이 왠말이냐
산들바람에 쨍긋 봄망울 터트리더니,
영원불변의 꽃빛으로 물망초 되었다네.

이 봄이 다가기전 꽃보라에 쑥쑥 파묻혀
샛노랑 물망초처럼 영원히 변치않을
사랑을 담아 꽃잠자리에 머물고 싶다.

"샛노랑 물망초처럼 영원히 변치않을

사랑을 담아 꽃잠자리에 머물고 싶다."

추억 산책

꽃들은 해마다 한결같은데
사람들이야 날마다
한결같지 아니한지라.

꽃이야 사람없다고
뿜뿜 향기일랑 멈추지 않거늘

단 한번을 살아도
짜릿하거나 아찔하거나

못잊을 사연일랑 싹다 묻어두고
이슬맺힌 꽃봉오리처럼
암팡지게 살고 싶은지라

그리움에 연연해하면서
그때 그 시절에 쫓길 때면
나 홀로 마음을 나눌 뿐이다.

"단 한번을 살아도

짜릿하거나 아찔하거나"

싸드락 꽃길

그냥 지나치면 볼 수 없어도
오래 걷다보면 마주치는 건
하양노랑 들꽃만이 아니랍니다.

서둘러 지나치면 잡풀만 보여도
천천히 걷다보면 따라오는 건
오색빛깔 구름꽃만이 아니랍니다.

동그마니 담장따라 지줄대면서
풀섶따라 자박자박 늘그막까지
싸드락 꽃길 속을 걸어가렵니다.

천천히 걷다보면 따라오는 건

오색빛깔 구름꽃만이 아니랍니다.

심란과 소란사이

아니 벌써 찔레꽃머리
심술난 땡볕 산책길에
마주친 개양귀비 꽃송이

왠지 모르게 뜨거워진
눈시울이라 동그마니
심란이거나 소란이거나

괜시리 이내 심정
감출 길 없는 건
쌍이로구 무슨 장난?

"왠지모를 뜨거워진 눈시울이라 동그마니
심란이거나 소란이거나"

나를 찾는 풍경소리

봄내길따라 둘러보아도
풀내음에 취해보아도 그땐 왜 몰랐을까

잃어버린 내 영감을 일깨운 건
그대와 마주친 풍경소리였습니다.

아련한 흔적 속에서 다시 찾은 건
그대의 소리둥지였습니다.

진정 그대는 내 마음의 풍경 안에서
언제나 우미인초였습니다.

시나브로 소쩍새처럼 둥지를 튼
당신은 풍경소리되어 나를 울렸습니다.

비로소 나를 찾는 풍경소리마저
사랑인 줄 미처 몰랐습니다.

"비로소 나를 찾는 풍경소리마저
사랑인 줄 미처 몰랐습니다."

사랑에 문은 없다

문을 열 때도 몰랐고,
문을 닫을 때도 몰랐네.

사랑은 파도처럼 쉴 새 없이
들락날락 한다는 걸…

보고 싶은 대로만 보았지
보이는 대로 안보았으니까.

커피한잔의 진리(In cafe veritas)

시나브로 햇살내리는 산골 뜨락에서
모락모락 피어나는 커피향에 취해
하얀 바람꽃 벗삼아 시간여행을 나선다.

취하기 좋아 카푸치노 한잔 머금고서
오늘을 위한 커피한잔의 진리에 건배
"인 카페 베리타스(In cafe veritas)"

마법처럼 달콤씁쓸한 커피한잔 속에서
아라비안 와인의 신이라도 만난 걸까?
미안해서 마시거나, 사랑해서 마시거나

커피한잔에 취한다는 건
너와 나의 영혼까지도 일깨우기에
너와 나의 열정까지도 담아내기에

내가 정말 취하는 건 커피향보다도
커피한잔의 사랑을 마시기 때문이다.

오늘을 위한 커피한잔의 진리에 건배!

"인 카페 베리타스(In cafe veritas)"

기분좋은 하루면 좋은대로 안녕하면 그뿐

기분나쁜 하루면 나쁜대로 망각하면 그뿐

제 2 부

애오라지 편애하고 싶은 것들

또바기 사랑

오랜만에 마주친 꽃다운 꽃이걸랑
정다운 정이라면
님다운 님이기에

또바기 꽃바라기 심정으로
당신만을 편애하고 싶어라.

바오밥 당신

눈빛만 보아도 향기만 맡아도
천년 묵은 바오밥나무 마냥
미쁘기 그지없이 한결같아서

멀리서 보아도 가까이 보아도
연리지 닮아선가 그리운 당신
향한 천년의 몸부림이랍니다.

편애해도 괜찮아요

살면서 유달리 장미꽃보다 산수유를 좋아하는 건, 나만의 사랑이랍니다.

오늘은 라일락 향기에 취하고 내일은 아카시아에 취하는 게 편애라면, 더더욱 라일락을 좋아하렵니다.

괜찮아요! 유별나게 좋아한다는 건, 진정 마음을 열어주는 지름길일지도 모르니까.

오늘도 꽃차를 마시기보다 커피를 마시는 시간이 나답게 사는 길이라면, 더더욱 커피를 마시렵니다.

괜찮아요! 유달리 한쪽만을 사랑한다 해서 호락호락하지 않더라도, 단 하루를 살지언정 더더욱 유별나게 살아가는 편을 선택할 테니까.

미적 미적거릴 바에야 좋은 것이라면, 마음껏 좋아하면서 어차피 누군가를 똑같이 사랑하거나 모든 꽃을 좋아할 순 없을 테니까.

괜찮아요! 편애의 숲에 빠져서라도 오르락내리락 소용돌이치던지 말던지 각별하게 살다보면, 심심하거나 우울하진 않을 테니까.

아침햇살이 쨍하고 나타나선 당신이 가장 편애하고 싶은 것이 무어냐고 물으신다면?

오늘 만큼은 애오라지 '꽃차보다 커피'라고 말하겠어요.

이소(離騷)

무슨 그리움에 사무쳤길래
무슨 외로움에 지치셨길래

아름답게 핀 사랑도
노을따라 지고 마는 메아리

무슨 미움에 흔들렸기에
무슨 미련에 겨우셨기에

한잔 속에 노을지듯
가버린 사랑은 끝내
허무한 한바탕 꿈일 줄이야

소란스러운 사랑도 이제
손을 놓아야 할 시간

"무슨 미움에 흔들렸기에

무슨 미련에 겨우셨기에"

미련

미련하나에 미련하게 이유일랑 달지마오.
아무런 미련없이
아무런 이유없이

미워해봐도 마음대로 안되는 건 사랑이라
미련인 건지
미련한 건지

아무런 미련없이 후련해지고 싶거든
부질없이 까닭일랑 달지도 말고
쓸데없이 흔적일랑 남기지 마오.

미련하나 때문에 미로에 빠질건가요
미련일랑 아름다운 추억일 따름이라오.

까치노을

해거름이 내린 까치노을
속절없이 저물어간다 해도
아름다운 시간만은 간직하리.

떠오를 때도 아름다웠듯이
저물어갈 때도 아름답기에

어쩌면 노을빛 볼 때마다
눈물이 날지도 모르니까.

사랑별

이젠 이별이라는 말 아래
서러워 마라.

다신 사랑이라는 말로도
고민하지 마라.

파랑을 굽어보고 사는
빨간 등대처럼 그댄
영원한 나의 별이니까.

정녕 이름없는 별이라도
그대가 부른다면
반짝이는 별하나이고 싶어라.

그대가 아니라면
십초든 백초든 한순간도
진정코 사랑을 몰랐을테니까.

"그대가 아니라면

십초든 백초든 한순간도

진정코 사랑을 몰랐을테니까"

시간여행

별똥별하나 떨어지던 그날의 여름밤이 참 좋았습니다.
하얀눈송이 휘날리던 그날의 겨울밤이 참 좋았습니다.

새록새록 떠오르거나 방울방울 피어나는 건, 계절의 향기를 찾아 회억(回憶)속으로 떠나는 나 홀로 시간여행일지도 모르니까.

세월따라 쌓을수록 모숨모숨 엮을수록 좋은 건, 그저 지나간 것은 지나간 대로 남은 것은 남는 대로 아름다운 시절의 향기일지도 모르니까.

어망결에 떠올리는 꿈길일지라도 그대와 함께라면, 설렘과 울림사이를 넘나드는 시간여행일테니까.

하얀 별꽃처럼 머리로 채우리까, 가슴으로 채우리까, 마냥 기다리지 않아도 그대 이름 불러주는 순간 무지개 꽃은 또 다시 피어날테니까.

"하얀 별꽃처럼 머리로 채우리까, 가슴으로
채우리까, 그대 이름 불러주는 순간
무지개 꽃은 또 다시 피어날테니까."

얼쑤 방랑자

방랑길 고비마다 소소한 싸드락 소리
요요한 눈귀호강 허허실실 심심 풀이

생긋방긋 오늘을 사는 나만의 갈무리

웃음은 회전목마처럼 돌고 도는 광대
나의 가장 자유로운 아리랑 악기로다

사노라면 시부저기 잘 돌아가는 세월
난 까르르껄껄 미소짓는 얼쑤 방랑자

술의 노래(酒酒別曲)

술한잔에 밤새도록 술렁술렁
꽃술자리 펼쳐지니 왁자지껄
미련없이 하염없이 술바람에
취하거니 권하거니 얼씨구라.

나를 술푸게 만드는 것은
이별주도 사랑주도 아닌
빈잔에 속아 채우려 해도
얼기설기 잘도 돌아가는지라.

한잔술에 술술 잘도 돌아가니
외로워서 한잔에 일렁거리고
괴로워서 두잔에 새롱거리고
즐거워서 세잔에 짠짠대면서
술향기에 흠뻑 취한들 어떠리.

너나들이 삼백잔에 속고 속아도
하세월 타령 한잔술에 정이라면
심술 꽃술이랑 사부랑거리면서
술바람에 하롱하롱 술렁거린다.

"이 세상에 참 좋은 것 있으니,

너와 나 그리고, 술이어라"

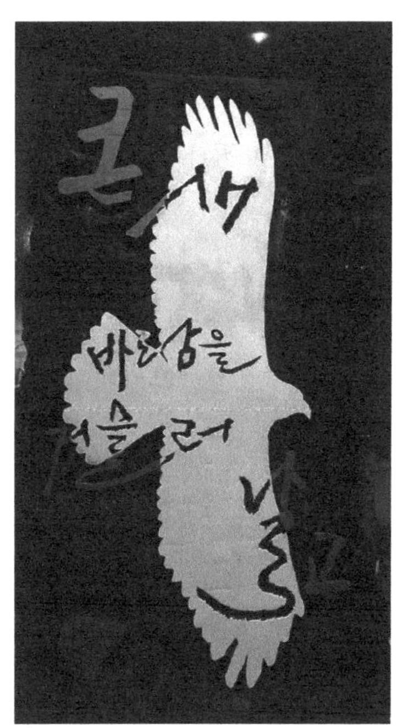

노란신호등

갑남은 갑남대로 을녀는 을녀대로 저마다 꿈을 안고 살아가건만, 오늘도 어김없이 강철덩어리에 몸을 싣고서 폭풍질주에 빠져드는 미친 세상 속으로 미끄러져 간다.

갑남을녀는 길만 나서면 왜 그리 미친듯이 진격의 무쇠다리에 빠져들까. 누구하나 말려주는 사람없이 어쩌다 한번 마주치는 노란 눈망울 있나니 그대 이름 노란신호등이여! 참으로 고마워라.

하늘과 땅사이 온통 빨강과 초록뿐, 그저 빨간불처럼 빛나는 것도 아니거들, 잠깐 깜박이다 이내 사라지고 마는 노란 불빛이걸랑, 그대야말로 진정 기다림의 순간 빛나는 마법의 등불이어라.

쉼표없이 달리다보면 비극이요, 기다리다 멈추어서면 희극이라. 때로는 노란신호등처럼 망설임의 순간에 오롯이 기다릴수록 빛나는 등불이어라.

갑남은 그저 '얼마나 힘들었니' 을녀의 말 한마디에, 오늘도 윤슬바람을 먹고 살아갈 뿐이다.

"쉼표없이 달리다보면 비극이요,

기다리다 멈추어서면 희극이라."

웃어도 하루 삐져도 하루

백일몽이련가, 천일몽이련가,
꿈으로만 살 수 없는 세월일랑
또 하루가 열리면 별 것 아니지.

어차피 웃어도 하루 삐져도 하루
슬퍼도 하루 괴로워도 하루일 뿐

꿈일랑 곰비에 품거나 비우거니
정일랑 임비에 주거나 나누거니

이꿈저꿈 헤메다보면 '아차' 하는
순간이야 비일비재할 따름일 뿐
하하 호호! 펀둥펀둥 사는 거지.

어차피 오늘 하루도 퍽퍽거리면
내일 하루도 퍽퍽거릴테니까.

"어차피 웃어도 하루 삐져도 하루
슬퍼도 하루 괴로워도 하루일 뿐"

까망이꽃 울타리

초여름 뜰 앞엔 이름도 이상한 쥐똥나무 한그루
은은한 향기 내뿜고서 사부작거리는 마음속 빈자리를 사로잡네.

오뉴월 여름향기라 초롱처럼 피어나선 거북스런 이름이야 모른 척하건만, 진한 연두색 하얀 좁쌀꽃송이만 아는 척이라네.

돌담문옆 황금사철 나무처럼 연노랑빛 울타리로 아롱진 친구인양 아침마다 마주치니, 차라리
'까망이꽃'이라 불러주리라.

초여름마다 '강인한 마음'이란 꽃말처럼 진한 여름향기 전해주는 유월의 흰꽃나무라니 행여나 서러워마라.

그대 아침마다 울타리 꽃동무이걸랑 미워할 사람 없으니, 풀꽃향기 피워내면 참새소리 벗삼아 탄탄한 울타리 쥐똥나무답게 살아갈테니까.

나도 너처럼 아무도 몰라주는 까망이꽃이라 해도, 오뉴월 초여름엔 단골친구인양 외로울 때나 기쁠 때나, 눈맞춤으로 쓰담쓰담 하얀 향기 품어 주겠지.

커피광을 위한 변명

동트기 전부터 커피한잔 하루 또 하루
몽롱한 아침을 깨운다.

하루 해가 떠오르면 악마의 유혹인가?
달콤씁쓸한 커피라면 맛있는 경험일까?

날마다 커피를 왜 마시느냐고 묻거들랑
커피도 세잔은 마셔야 게미난 맛인지라.

첫잔은 시나브로 행복의 맛이요
두잔은 모락모락 낭만의 맛이요
세잔은 임비곰비 추억의 맛이라.

커피한잔으로 하루를 열면 인생도
쓴맛단맛 거침없이 열리는지라.

커피한잔으로 하루를 열면 인생도

쓴맛단맛 거침없이 열리는지라.

눈물이 아름다운 이유

그땐 슬퍼도 아름다워도 울었드랬지
그런 게 숙명의 눈물인줄 알았다.

이젠 노을빛무리 일몰만 보아도
밑도 끝도없이 눈물이 날줄은 몰랐다.
이 또한 아름다운 눈물의 하루일까.

하필이면 달빛무리만 보아도
가슴마저 벅차오르는 눈물일 줄이야.

소쩍새 슬피우는 밤 구슬픈 눈물만이
시름의 눈물이 아니라서 다행이다.

어쩌면 꽃보다 아름다운 건
가슴으로 울었던 뜨거운 눈물일지 몰라
아 울면서 태어나선 눈물로 떠날 줄이야.

"아 ~ 울면서 태어나선 눈물로 떠날 줄이야."

와인 한잔의 낭만

마음이 이리도 즐거운 건 봄바람 소리에
취한 탓도 와인에 흠뻑 취한 탓도 아니라네.

와인을 마신다고 고민이 사라지는 것도 아니걸랑, 현재를 즐기다보면 서나서나 무지개처럼 빛나는 순간이 오겠지.

흔들어줄수록 뽐내는 낭만도 흔들리면서 내맘도 아리송하니 흠뻑 취한들 어떠리.

샤토슈발블랑이란 와인처럼 제멋을 뽐내며 삶을 마감하듯, 세상 한번 맛보고 나면 그만인 것을~

여기선가 저기선가 시간가는 줄 모르고 와인 한잔의 낭만적인, 너무나 낭만적인 순간에 취해 살아가리라.

샤토슈발블랑이란 와인처럼 제멋을 뽐내며 삶을 마감하듯,

세상 한번 맛보고 나면 그만인 것을~

밥보다 꽃배

세월을 마시고 님을 그리워하기에
늘 외로운 날만은 없는 것처럼

꽃차를 마시고 행복을 나누기에
늘 좋은 날만은 없는 것처럼

커피를 마시고 낭만을 누리기에
늘 쓸쓸한 날만은 없는 것처럼

절망이 있으면 희망도 있기에
미움이 있다면 사랑도 있기에
이별이 있다면 만남도 있기에

차라리 밥보다 꽃미소 날리며
꽃배를 채우리라.

"차라리 밥보다 꽃잎을 마시며

꽃배를 채우고 싶어라."

행복 한잔의 소란

아 그리워서 그리우니
만나자고 얘기할 걸 그랬지.

그러다가 놓쳐버린
오늘 하루의 행복

말 한마디면 좋았을 걸
참 어리석다.

나홀로 유랑

아~정처없이 나 홀로 유랑이어라!

산자락길 따라 어정버정 걷다보니
바람결에 너울진 연두빛깔 신록의
물결 속으로 헤엄치고 싶었나이다.

섬진강변 오솔길 따라 어느 샌가
남실거리는 대나무숲 바람소리에
풍욕을 탐한 나 홀로 눈호강이라.

아카시아꽃향기 또다시 들깨우는데
꽃구경인들 덧없는 욕망 아니던가
오솔길에 빛무리 터지는 여울소리
나 홀로 탐하고 싶었나이다.

나그네 유랑길 풍랑인지라 실바람에
나부끼는 유채꽃향기에 취하기보다
무심코 초록 바람결에 일렁거리는
수수꽃다리를 탐하고 싶었나이다.

"산자락길 따라 어정버정 걷다보니
오솔길에 빛무리 터지는 여울소리
나 홀로 탐하고 싶었나이다."

가을향기

꽃피워 마음을 흔들어대는
그대의 향기 내가 안으며

낙엽더미에 바스락거리는
그대의 몸짓 내가 품고서

풀잎 사이로 발자국 찾아
시월의 빗길 속을 헤메인다.

쑥부쟁이 하얀 들국화도
너울 바람에 흩날리듯이

바람처럼 냉정하진 못해도
가을향기 속으로 스며든다.

"가을은 무지개빛 달무리 마냥

봄여름 오가는 추억을 멤돈다."

ⓒ류선덕

첫눈소리

아소 님아
바라보기만 해도 뭉클거리네요.

하염없이 하이얀 들꽃따라 걷노라면
뽀드득 소리에 넋을 잃을지도 몰라

모래재 언덕배기에 활짝 피어난 눈꽃
사박사박 발자욱따라 그리움에 겨워서
맘시울 톡톡 터져버렸나 봅니다.

아소 님아
눈마주치기만 해도 흔들리네요.

가을은 노을 속으로 떨어지고 겨우내
은빛 눈꽃처럼 피어날지도 몰라

단풍진자리 멀어질 때면 소복소복
눈송이처럼 피어나는 꿈오라기 속
눈폭탄이라도 맞고 싶었나 봅니다.

아소 님아 눈마주치기만 해도 흔들린다네

가을은 노을 속으로 떨어지고 겨우내

은빛 눈꽃처럼 피어날지도 몰라.

카르페디엠으로

날마다 날은 가니 쏜살같이 사라지고
때때로 낙엽처럼 매가리없이 시들시들

초연히 흘러가는 샘물이 될지라도
표연히 스쳐가는 바람이 될지라도
나풀나풀 꽃바람의 전령은 말한다.

봄바람 시샘에도 꽃은 피어나는데
무엇이 두려워 징글맞게 시리
애면글면 각본처럼 살아가는가.

처음처럼 살다가도 마지막처럼 사라져도
풀잎 하나라도 임비곰비 벗삼아
얄리얄리 카르페디엠으로 살어리랏다.

사랑해

제3부

게미진 인생을 캐내고 싶다면

낭만호미

내일로 가는 길이 벼랑일지라도
한이랑 두이랑 일구어 내듯이
소원꺼리 싹싹 캐드릴게요.

길섶에 풀꽃하나라도 눈마주치면
세상엔 차마 캐내지도 못한
사랑의 보물로 넘쳐날테니까요.

꼬부랑 호미 한 자루 쥐어진다면
한골두골 매면서 이랑 갈무리하듯
새김꺼리 싹다 캐드릴게요.

인생길 좋은 것만 캐낼 순 없어도
게미진 낭만도 일구는 달그락
후비적 호미질 같으니까요.

"꼬부랑 호미 한자루 쥐어진다면

한골두골 매면서 이랑 갈무리하듯

새김꺼리 싹 다 캐어드릴게요."

꽃보다 좋은 건

꽃보다 좋은 건
나 홀로 여행의 시간일지도 모른다지.

꽃이야 언제든지 눈으로도 손으로도
다가설 수 있지만
시간이야 허투루 붙잡을 수도
만질 수도 없을 테니까.

시간이 허락하는 대로
눈맛에 귀호강을 위해서라도
지금 이 순간 필요한 건
꽃한송이와 바람소리에 취하면 그뿐.

유랑의 참맛이야 쳇바퀴 너머에
숨어있을지도 모르니까.

이랑별곡

꽃이랑 야채랑 세개만 심었지.

하나는 새가 먹기에
또하난 벌레도 먹기에
그리고 나도 먹기에...

옛살라비 산골에 살다보니
에움길에 풀꽃하나 저 산새도
소곤소곤 나의 단짝 친구라서

이랑골엔 외로울 틈이 없다네.

응원소리

으샤으샤 오늘도 삶을 캐내는 곡괭이소리처럼

영차영차 다함께 힘내 버티자는 응원소리처럼

어차피 산다는건 하고 싶다면 해야고,

하기 싫다고 안할 순 없는지라…

시골에선 "휘휘 잘 까불어야 산다"고 할매도 할배도 말했지.

사노라면 온통 껍데기에 둘러싸여 알맹이 하나 제대로 찾지 못하는 세상이기에…

나불나불 까불어야 껍데기도 날리고 알맹이를 추려내야만 먹고사는 일인지라.

다람쥐 쳇바퀴처럼

시간이 없다거나 돈이 없다고 하릴없이 핑계를 댄들 어이하리.

날마다 비슷한 건 많아지고 나이테 늘어날수록 생이 짧아진다고, 생각이 깊어질수록 겁도 많아지고 끼는 적어질지언정 서러워마라.

사노라면 요란스러우니 잔말은 많아지고 속은 좁아질 뿐이라고, 이래저래 소란스러우니 낯선 곳 찾노라면 유유낙낙의 길을 만날지 모르니까.

어쩌면 눈부신 시간따윈 필요 없지. 지금 이 순간을 눈부시게 즐길수록, 지구별에 소풍나온 여행자처럼 뻔한 것보다 낯선 경험일수록 한결 더 신비로울지도 모르니까.

뻔하디 뻔한 각본 속에서 다람쥐 쳇바퀴처럼 살아갈 바에야, 파랑에 휩싸일지라도 모름지기 단 10초를 살더라도 파도치는 미지의 여행길이라야 나름 째를 내고 사는 맛인지라.

아직도 다람쥐 쳇바퀴처럼 어제같은 오늘을

살순 없지 않은가?

찔레꽃머리

찔레꽃머리에 초여름 한바탕 소나기 지나간 후,

시골집 대문을 열고 발길 닿는대로 나선 산책길 유월의 땡볕 날씨라니 뜨거운 햇살 피할길 없다.

두름길에 마주친 개망초인가 우미인초라, 상쾌한 꽃인사를 나누며 걷다보니 당산나무 아래인지라, 나그네 느티나무 그늘인양 태양을 피해본다.

대추나무집 할배와 마주치니 안부 한마디 나누고서 뚜벅뚜벅 걷노라니 풀향기 가득한지라, 유월의 싱그러움을 마시며 꽃배의 여유를 즐긴다.

삿갓봉아래 요요한 숲길에서 옹송망송하던 찰나 다람쥐 반가운 듯 튀어나오니, 어느샌가 귓전을 간질이는 새소리에 풍욕의 시간을 누빈다.

찔레꽃머리 한창일지라도 빨강 개양귀비에 오색빛깔 수국처럼 소담스레 이야기꽃 피우걸랑, 낭만의 샷하나 품고서 또다시 여름향기 걷지겠지.

"뚜벅뚜벅 걷노라니 풀향기 가득한지라,

유월의 싱그러움을 마시는 꽃배의 여유"

게미별곡

그렁저렁 혼자 먹어도 맛있는지라
그렁저렁 둘이 먹어도 맛있는지라

곰취랑 달래랑 풀잎나물만 먹어도
입안에 새콤달콤 잔치가 벌어졌네
어쩌면 이런 게 게미진 맛인지라

입맛이 달다하여 맛있는 것도 아니요
입맛이 쓰다하여 맛없는 것도 아닌데

사는게 별거인가 단지 착각일 뿐이지
쉬엄쉬엄 마셔도 시워적 거린다 해도
혼자든 둘이든 이런 맛에 사는지라

그렁저렁 혼자 먹어도 맛있는지라

그렁저렁 둘이 먹어도 맛있는지라

째내지마라

바람꽃마냥 속절없이 사라지걸랑
허투루 멋부리거나 째내지 마라
어차피 꽃비앞에 뽐낸 꼴이라오.

꽃무리처럼 뿜뿜거리지 못하걸랑
허투루 깔보거나 째내지 마라
어차피 바람앞에 잘난 척이라오.

꽃보라에 비보라인가 눈보라처럼
사랑옵지 않은 것 하나 없나니
척척거리다보면 째낼 날 있다오.

게미진 나날을 누비고 싶거들랑
옴니암니 쩨쩨하게 굴 것 없이
돈빛보다 햇빛쐬는 멋쟁이라오.

애면글면 들꽃처럼 숙이다 보면
담장너머에 소담스런 꽃대마냥
언젠가 뿜뿜거릴지도 모른다오.

개밥에 도토리

시나브로 꿀잠에서 깨어난 일요일 아침이라,
오랜만에 커피 한잔씩 잔디밭에 마주앉은 사이
오랜 나의 동반자 충격의 한마디 귓전을 스친다.

당신 나없으면 "개밥에 도토리야, 째내지마셩"
아닌 밤중에 홍두깨라니 불쑥 한방맞은 셈이다.

어처구니 없지만 곰곰이 생각해보니 그럴싸했다.
함께 하면 좋을 것만 같았기에
따로 놀면 못날 것만 같았기에

진정 그대 없으면 개밥에 도토리일까, 아니면
나 혼자여도 빛좋은 개살구일까,
어차피 호락호락하지 않는 게 인생사 아니던가.

때로는 개밥에 도토리 신세라도 모난돌처럼
나 홀로 동그마니 째낼 수밖에 없는 걸까.

세상은 온통 '혼자라도 괜찮아' 자위하면서
저마다 혼술혼밥이니 홀로 살아가는 제멋대로
참으로 생게망게 잘도 돌아간다.

"함께 하면 좋을 것만 같았기에

따로 놀면 못날 것만 같았기에"

산골 얄라송

처음엔 산골에 살다보니 많은 건지
적은 건지 주렁주렁 욕심만 챙겼지
이름 모를 하얀 들꽃 벗삼아 사노라면
걱정할 가치도 없는 지혜란 걸 알았지.

해뜨고 노을지는 해거름 마주치노라면
하늘과 구름과 바람도 친구였던가?
아름드리 산과 들판도 삶터였던가?

한발자국 뗐을 뿐인데 풀꽃들의 향연
노을빛 가득찬 별천지란걸 몰랐다지.

산골 노옹도 하릴없이 노래하노라니
어디 사느냐고 옴니암니 따지지 말고
어떤 마음으로 살아갈지나 새겨보라네.

냉이랑 달래랑 쑥이랑 벗삼아 사노라면
무엇이 야속하리오, 얄리얄리 얄라셩
풀잎에 얽힌 짝이란 걸 왜 몰랐을까?

소태정 연가

바람꽃따라 씨엉씨엉 소태정 들녘 풀한포기에도
살포시 눈맞추며 걸어본다.

삿갓봉 아래 숲정이 자드락길에 들어서면
도토리와 씨름하는 다람쥐도 안녕하며 반겨주네.

봄이오면 산골담길 풀꽃하나에도 발길머무는 곳
여름이면 바람따라 오색빛깔무지개도 쉬어가는 곳
가을이면 단풍처럼 내 마음까지 물들어가는 곳
겨울이면 눈꽃따라 나만의 추억 새기고 싶은 곳

내 고향 두메산골 하늘과 구름과 새들의 노래도 산향천리 어화둥둥 시간마저 거꾸로 돌아간다네.

소태정 느티나무 풀꽃향기 살랑거릴 때면
걱정거릴랑 당산나무위로 걸어두고 오시게.

소태정 산골에 왜 사느냐고 물으신다면
미소 한잔에 꽃차 한잔 대접하리라.

소태정마을 벽화

쑥향에 취하걸랑

시샘바람에 쑥쑥자란 들쑥씨 해쑥씨
쑥내음에 새콤달콤 봄을 먹는다.

나풀나풀 봄바람 시샘하는 꽃샘낭자도
샛노랑 꽃무리옆 꽃마리도 시비를 거네.

쑥향에 취하걸랑 제발 날 건드리지 마오
누가 뭐래도 봄색시꽃 연분홍 낭자니까.

밭두렁사이로 보들보들 초록융단을 깔고서
빼꼼스레 고개를 내밀고 나온 애엾낭자라
상그레 방그레 쑥향을 한아름 뿌리네.

봄비에 젖은 쑥향기 물씬물씬 스며오면
정다운 다담소리에 쑥쑥 봄을 먹는다.

앗싸 냉이라네

산골 밭두렁 가는 길섶에 노랑들꽃
살랑거리는데 호미한자루 하얀봉지
한손에 나부끼면서 이랑 고랑 사이

가로세로 파헤치며 쿡쿡 찔러보니
향긋 냉이 아낙네 마냥 뿜뿜거리네.

하얀 듯 노란 듯 봄까치꽃따라
냉이 한무더기 소쿠리에 담아 봄봄
뒤돌아서면 얼씨구 냉이라면이라네.

어느샌가 파송파송 후루룩 냉이라면
봄내음 물씬물씬 맘자락 사로잡네.

산골담길 들녘에 숨어든 봄색시마냥
냉이꽃도 꽃다지도 수줍은 듯
꽃내음 뽕긋뽕긋 활짝 풍기더니

살짜기 옵소예 이랑골 호미 한자루
행복 듬뿍 채워준 냉이라면이라네.

삿갓봉 꽃마루

오늘따라 단잠에 아침이 오는 줄 몰랐는데
산새를 닮아선가 왠일인지 봄의 전령처럼
아내의 상큼한 목소리에 하루가 깨어난다.

달그락 아침깨우는 소리에 마음도 산뜻산뜻
저멀리 꽃마루 향기 날아들더니 발길은 벌써
산에 오른다는 생각만으로 심쿵거린다.

길동무 등산길 한걸음 두걸음 백보를 걸으면
백날의 청춘을 살려나 또다시 백보를 걸으면
백년의 청춘을 누리려나?

앞서거니 뒷서거니 산비탈길 꽃길따라 찔레꽃
토닥토닥 달래주니 발걸음 하나 하나에 네가
느끼면 나도 느끼는 소소한 삿갓봉 야생화
마음 닮아선가 기쁜 건지 즐거운 건지...

비꽃에 춤추는 찔레꽃처럼 추억의 나래 되살려
지지배배 노고지리 종달새 소리인가 꽃바람인가
상념의 시간 멈추어 삿갓봉의 시간을 달래본다.

밥상으로 여는 하루

아침을 여는 달그락 밥상소리
언제 들어도 정다워라.

보글보글 뚝배기 끓는 냄비소리
양파따라 송송 도마위 뚝딱소리

밥상으로 여는 달그락 세상이라
오늘도 지글지글 익어간다네.

밥그릇 들멍나멍 야금거리면
소담스레 이야기꽃도 피어나리라.

ⓒ김두경

텃밭으로 가는 길

먼동이 길을 열면
텃밭으로 가는 다랑길은 가볍다.
발자국 소리에
채소도 이슬을 털고 일어난다.

이랑사이 지지대에
허리를 편 가지와 고추
꽃진 자리에 솟은
주렁주렁 달리기 시작한 열매
여름 들판은 뜨겁다.

한 뼘의 텃밭에 심은
나의 삶도
푸성귀처럼 싱그럽다.

※이 시는 문예지 〈表現〉 (2020, 제76호, 가을) 에 발표한 신인 등단작임.

고맙다 호미야

비개인 아침부터 마음은 텃밭행이다.

한손에 바구니 또 한손엔 호미자루
반나절내내 이랑과 고랑사이 넘나들며
잡초와 씨름하나니, 한여름 퇴약볕에
땀범벅이면 반갑구나! 막걸리 한잔.

꼬부랑 호미는 이랑을 만나 두렁사이
고랑을 일구면 텃밭은 온통 오순도순
기지개를 키고 속삭이는 흙의 소리에
초록빛 채소들도 쑥쑥 춤추기 시작한다.

숨결 소리를 캐는 나의 이랑 친구 호미
달그락 달그락 숙명처럼 단짝인지라,
온몸 땀적시듯 번지는 미소를 머금고서
한여름 달래라고 농뜨락을 열어준다.

이랑과 고랑사이 넘나든 꼬부랑 호미질
텃밭은 아롱다롱 게미진 삶터라지
참으로 고맙구나! 호미야.

아고똥하니 촌스럽게

꽃샘추위 물러가니 봄부터 초여름 사이엔
산골마을 눈코 틀 새 없이 바삐 돌아간다.
봄까치꽃 톡톡 피고나면 쑥이랑 냉이랑
나물이야 눈맛 다시니 입안이 싱그럽다.

아카시아 꽃향기 넘실거리면 들마루엔
온통 머위랑 곰취랑 더덕이야, 둥글레,
민들레, 씀바귀, 도라지야 촌스럽게시리
폴폴나는 풀꽃 내음이건만 다랑 사이로
푸르딩딩 야생의 천국이 열린다.

이름모를 들꽃도 풀잎까지 해거리를 하는지
밭두렁에선 풀꽃향기에 풍미 물씬 풍기걸랑
농투성이 덩달아 속삭이는 흙소리에 빠지니
이랑과 고랑사이 두렁두렁 야생의 별천지라
아고똥하니 촌스럽게 촌티 뿜뿜 내뿜으련다.

"다랑 사이로 푸르딩딩 야생의 천국 열리니
아고똥하니 촌스럽게 촌티 뿜뿜 내뿜으련다."

추억의 집

나에게 집이란 못잊을 새김꺼리가 서려있는 곳
나에게 집이란 쓴맛단맛 삶의 마디를 담아낸 곳

모름지기 집이란 다담소리 넘치는 정다운 보금자리라야지.

나에겐 꾸불꾸불 돌담길 돌아서면 대문도 반겨주는 소담스런 옛살라비 시골집이라서 참 좋다.

봄이 오면 잔디밭옆 텃밭에 이랑을 가꾸면서 고추랑 상추랑 가지랑 옥수수까지 심고 또 심고나면, 올해도 어설픈 산골 농투성이만의 시골집이라서 참 좋다.

내 고향집에선 잔디밭에 누워 따사로운 햇살아래 핑크마티니의 '초원의 빛(splender in the glass)'이란 노래와 풀잎소리에 귀기울이면서 낭만에 취하면 언제나 나를 안아주는 그루터기라네.

세상이 아무리 빨리 흘러가도 텃밭공간에 멈춰서면, 세월의 흐름일랑 거꾸로 간다네.

이 세상에 가장 행복한 초원의 집에 사는 나는야 낭만가객이요 농투성이라네.

고향의 향기도 가뭇없이 흩어지고 마는 그런 무정한 집보다, 오래오래 간직하면서도 하나둘씩 쌓아가는 낭만 쉼터라야지.

무엇이든 나눠주는 정다운 곳
무엇이든 담아내는 보금자리
무엇이든 안아주는 고향의 집

오늘도 아고똥허니 나는야 추억의 집에 살리라.

여름너머 구름과 바람은 말했지

더위에 지칠 때면, 그늘아래 잠시 멈추어가라고 여름은 말했지.

마음이 무거울 때면, 하늘 향해 지그시 눈감으라고 구름은 말했지.

위로가 필요할 땐, 숲길 향해 귀를 열고 들으라고 바람은 말했지.

눈이든 귀라도 초록빛 산마루에 들마루 향하면,
세상은 온통 마법의 쉼표처럼 그늘을 만드네.

여름너머로 아낌없이 마음을 열어주는 바람따라 실타래처럼 풀린 구름길을 걸으면, 마음구석은 온통 꽃으로 피어나는 동산인 것을.

호모 커피엔스

아라비안커피를 마시며 욕망을 너무 부추겨버렸다면, 이젠 코리안 커피를 마시고 욕망 덩어리를 잠재우고 다시 깨어나게 만들 커피애호가를 위해 노래부른다.

악마처럼 검지만 키스처럼 달콤하다는 타테랑의 커피한잔이라면,
내마음도 활짝 열리면서 영원한 꽃길도 열리게 될지 모르니까.

커피를 마시기전까지 절대 웃지 않는다는 유명배우라 할지라도,
오늘만큼은 커피를 향수처럼 뿌리며 살아간들 어쩌리.

천번의 키스보다 달콤하고 와인보다 부드러운 커피라고 노래한 독일의 바흐를 넘어서
달콤쌈싸름한 칸타타커피와 함께 음미하리라.

매일처첨 커피콩 60알을 고르고 골라 아침식사를 대신하며 60가지 아이디어를 짜내며 살다간 베토벤처럼 살순 없다 해도,
또바기 아라비안 와인같은 커피를 마시고 또 마신들 무엇이 아쉬울까?

하루동안 가장 좋은 힐링타임이라면 달큰 커피 한잔 당길 때일지도 모르니까. 내 커피한잔 속엔 행복도 있고 우정도 있고 사랑도 있나니,

동그마니 '호모 커피엔스'처럼 살아가고 싶을 뿐이다.

한번쯤 삶의 먼지일랑 털어보라

산다는 건 왜 이리 갑갑한 건지
한번쯤 탈탈 털어보고 싶은 순간이다.

지금껏 딴 곳만 보고 쭉 달려왔기에
그저 손안의 빗자루처럼 시원스럽게
푸서리에 흙먼지 털어내듯이, 맘구석
여줄거리일랑 찬찬하게 털어보고 싶다.

조뱅이꽃같은 털이개 하나 주어진다면
여태까지 쌓여온 맘시울의 먼지 일랑
훌훌 털어내야 한결 가벼워질 테니까.

꽃씨하나 뿌려야 할 때를 맞추다 보면
때안에선 꽃망울 벙글어서 아롱지거늘
욕망의 거미줄 훌훌 털어내지 않고선
어찌 또 하루의 창문을 열 수 있으리까.

"산다는 건 왜 이리 갑갑한 건지

한번쯤 털어보고 싶은 순간입니다."

비꽃처럼

초록물결 넘실대던 찔레꽃머리에 못이긴 질투련가, 후득후득 비꽃이 피기 시작한 장마가 찾아왔구나!

온종일 주륵주륵 오란비가 쏟아져 내리면 온 세상 싹다 씻어줄 것만 같아 내마음도 덩달아 춤을 추었습니다.
텃밭에선 호박넝쿨도 고추야 옥수수도 야호! 환호성을 지르는 것만 같습니다.

남들은 심술맞은 장마라지만 나에겐 얄미운 세상을 향한 속시원한 선물이랍니다.
가뭄에 단비보다야 주르륵 작달비내리는 쭉사랑 소리 같으니까요.

물방울 피어나는 비꽃에 초록야채들도 내마음 촉촉이 적셔주니, 이처럼 후련한 선물 또 있을까요?

햇살과 빗살사이로 징검다리 넘나들면서 활기찬
모라깃비같은 선물이라 생각하니, 나도 비꽃처럼
빗방울 친구되어 피어나고 싶습니다.

오란비 속 여름이야기

비꽃피던 여름철 구름 시샘 탓일까
온 세상 물마에 빠져 허우적거린다.
물보라 눈물에 겨웠나 하늘도 너무
우셨나 어느샌가 웃음가득 뿌리신다.

오란비 그치자 산책길에 마주친
노랑 여름꽃들이 반갑기 그지없다.
마치 "당신만을 그리워했어요"
눈마주치길래 눈물이 날 지경이다.

장마에 지쳐서 못다 한 여름이야기
도란도란 투덜대고 싶었나보다.
온종일 빗소리에 밀려서 초록물결에
먹구름 속만 헤메인 탓이지.

담모롱이엔 배롱나무,능소화,호박꽃,
접시꽃, 해바라기까지 여름햇살아래
방긋방긋거리니 마음 구석도 덩달아
활짝 웃음꽃 피어난다.

다시 찾은 구름 꽃길따라 햇살 비추는 대로
살랑살랑 바람부는 대로, 발길따라
언덕배기에 올라 하늘과 구름과 바람을 향해
온몸 구석구석까지 호강 한번 누려본다.

아무튼 한해 절반이 후드득 오란비 속으로
씻겨내려가니, 이런 게 세상사는 연습이지.

그러니까 친구라지

천리만리 산너머 멀리 있어도 별처럼 마음속에 담고 있기에, 마음하나로 눈에 찬 꽃이 아니래도 괜시리 미안해하면서도 품어주니, 길섶에 꽃과 나비처럼 어깨 나란히 했던 그대니까, 친구라지.

밤하늘의 별처럼 항상 볼 순 없어도 또바기 그 자리를 빛내주었기에, 사알사알 토닥거리던 마음의 소리 '미안해 친구야' 한마디면 통했던 그대니까, 친구라지.

아무리 시련일랑 소나기처럼 흠뻑 흘러내려도
슬쩍 다가와 우산 함께 맞아주던 그대였기에,
오로지 그대와 함께라면 이름만 생각해도 마냥
좋았던 그대니까, 친구라지.

어쩌면 버드나무처럼 묵묵히 나무위에서 지켜봐주던 그늘같은 그대였기에, 마음일랑 곱빼기로 더해주고 고민일랑 함께 나눠주던 정다운 그대였기에, 곰살맞게시리 그러니까, 친구라지.

친구는 쓰담쓰담 말했지, '지둘려봐, 참다보면 괜찮아!'

날마다 눈부시게 좋은 날만은 없을지라도, “무지개처럼 어느 순간 빛나는 날이 올거야” 기도하는 마음하나로 통했던 그대였기에, 그러니까, 친구라지.

또 하나의 하루

어제는 하나를 잃고서야 또다시 하나를 얻고 살았지.
오늘도 하나를 잃고 나서 또다시 하나를 얻고 즐겼지.
내일은 하나를 잃고 나면 또다시 하나를 얻게 되겠지.

또 하나의 하루를 연다는 건 어제와 내일이 만나는 나를 위한 밀월여행일지도 모르니까.

이유야 어떻든 오늘 하루 퍽퍽거려도 내일의 햇살 마주할지 알 수 없기에, 맘구석 고민일랑 산아래 묻어두고 산새를 벗삼아 즐기련다.

세월이야 구름처럼 밀려왔다 바람따라 갈피갈피 스미어 갈뿐, 하늘에 비구름 떠있어도 구름 어디에서 내릴 건지 모르거늘, 아고똥해도 괜찮아.

어제가 강물처럼 흘렀으니 오늘을 맞이했고,
오늘도 쨍하고 맞이했으니 내일도 열리겠지.

어제가 강물처럼 흘렀으니 오늘을 맞이했고,

오늘도 쨍하고 맞이했으니 내일도 열리겠지.

ⓒ김두경

빨간 까치밥

담장너머 저 감나무 까치밥 주인공은 누구일까?

까치일까, 참새일까, 동박새일까, 직박구리일까? 새들은 알려나, 덩그라니 남겨진 빨간 까치밥 하나 사랑이란 걸.

까치도 홍시사랑을 먹고 세월을 이겨낼 적마다 나도 고향의 정하나 먹고 나면 모진 세월 견딜까 몰라.

아아~소담스런 감나무에 남겨진 빨간 사랑이여.

까맣게 잊고 살았던 나뭇가지에 외로운 감하나 메마른 내 마음구석에 사랑을 일깨우는 죽비로소이다.

언젠가 나의 인생나무에도 마지막 홍시 사랑처럼 빨간 까치밥 하나쯤 남겨두고 떠나갈 수 있을까 몰라.

나의 인생나무에도 마지막 홍시 사랑처럼

빨간 까치밥 하나쯤 남겨두고 떠나갈 수 있을까 몰라

ⓒ서보민

빨간통 편지

세상살이가 호락호락 만만한 줄 알았건만 살아갈수록 왜 이리 힘든 걸까? 어쩌면 추억이 너무 많이 쌓인 탓일지도 모른다. 지우고 비워야 할 텐데, 자꾸 욕심만 늘어가니 여전히 공수래 공수거의 진리를 깨닫지도 모른 채 말이다.

학창시절의 손편지를 회억하는 순간, 청춘예찬만으로도 모자라는 특별했던 그때 그 시절을 어찌 다 수렴하리오마는.... 가장 아름다운 이야기들이 하얀백지 위에서 맴돌 때마다 내가 사는 이유를 조금이나마 이해할 수 있을 것 같기 때문이다. 이제와서 과거를 불러내어 들추어내는 건 한살매 오르락 내리락 그 시절이 참으로 그립기 때문일지도 모른다. 반고비 파란만장을 한편의 산문으로 어찌 다 담아낼 수 있으랴.

정(情)이란 건 그리움일까 기다림일까, 나이 탓인가? 눈감으면 자꾸만 스며드는 그 시절이 한두번이 아니다.

수십년간 봉안된 추억의 시간을 여기서 열어보노라니, "친구야, 잘지내니" 한마디로 시작되는 한줄 한줄 속에 마음 설레던 그 시절, 꽃다운 이내 청춘을 어이할꼬!

시인 사무엘 울만은 '청춘'에 대해 이렇게 노래했다지. "청춘이란 인생의 어떤 한 시절이 아니라 어떤 마음인지라, 그대와 나의 가슴속에 안테나가 있지. 희망과 영감을 받는 한 언제까지나 청춘이라네."

추억의 편지를 대하고 보니, 노랫말처럼 나이는 숫자일 따름이다. 그 시절 스무살에도 중년의 나이에도 열정 하나만으로, 어쩌면 영원한 청춘으로 살고 싶은 것일지도 모르지.

곰곰이 생각해보면서 백지위에 그리운 마음의 둥지를 틀어본다. 지그시 회억의 눈을 감으면 우정인가, 순정인가, 연정인가, 열정인가....

아마도 그리움인지, 미련의 눈물샘인지 모르겠지만, 구태여 옛살라비를 엿보는 심정은 과거와 현재를 찾아가는 마법의 열쇠일지도 모를 테니까.

주마등처럼, 빨간 우체통, 마음을 열어주는 우편함속 마법의 주인공은 누구일까? 그야말로 편지는 마음을 여는 창이요, 열쇠인지라. "보고 싶은 친구야"로 시작하여 "안녕"으로 마무리할 때면, 그리움과 기다림의 가슴앓이는 시작된다.

여기서 호명하는 건 그 시절에 만났던 친구에게, 연인에게, 동창에게, 조카에게, 선생님에게, 형제자매와도 함께 나누었던 그리움과 기다림으로 콩닥거리게 했던 추억의 편지들이다.

또 다른 내일을 위한 열정과 냉정사이를 넘나들지라도, '이 또한 지나가리라(Hoc quoque transibit)' 나를 위로해준 솔로몬의 지혜를 빌어서라도 오늘도 싸드락 싸드락 또 하나의 느낌표를 찍으며 꽃길을 걸어가련다.

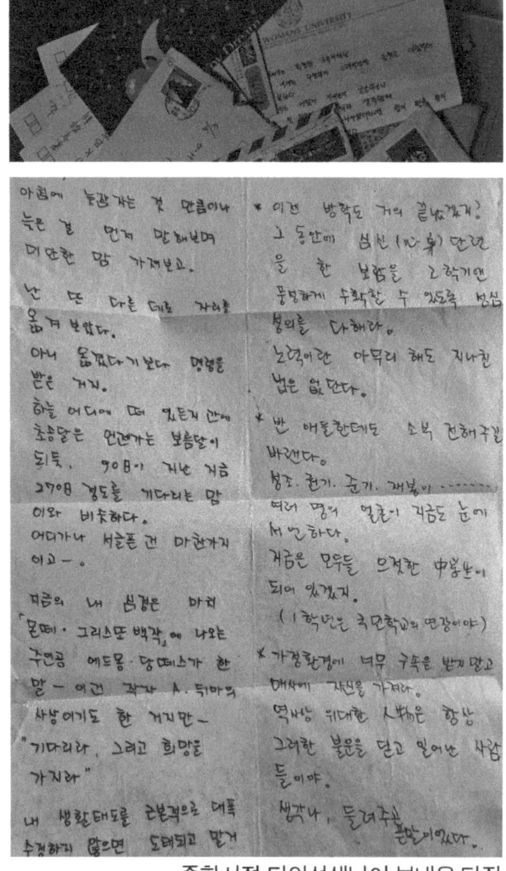

아침에 늦잠자는 것 만큼이나
늦은 걸 먼저 말해보며
미안한 맘 가져보고.

난 또 다른 데로 자리를
옮겨 보았다.
아니 옮겼다기보다 명령을
받은 거지.
하늘 어디에 떠 있든지 간에
초승달은 언젠가는 보름달이
되듯. 90日이 지난 지금
270日 정도를 기다리는 맘
이와 비슷하다.
어디가나 서글픈 건 마찬가지
이고—.

지금의 내 심경은 마치
「몬떼·그리스또 백작」에 나오는
주인공 에드몽·당떼스가 한
말 — 이건 작가 A. 뒤마의
사상이기도 한 거지만—
"기다리라, 그리고 희망을
가지라"

내 생활태도를 근본적으로 대폭
수정하지 않으면 도태되고 말거

* 이젠 방학도 거의 끝났겠지?
그 동안에 심신(心身) 단련
을 한 보람을 2학기엔
풍성하게 수확할 수 있도록 성심
성의를 다해라.
노력이란 아무리 해도 지나친
법은 없단다.

* 반 애들한테도 소식 전해주길
바란다.
성조. 관기. 준기. 재봉이 ......
여러 명의 얼굴이 지금도 눈에
선하다.
지금은 모두들 으젓한 中學生이
되어 있겠지.
(1학년은 국민학교의 연장이야)

* 가정환경에 너무 구속을 받지 말고
매사에 자신을 가져라.
역사상 위대한 人物은 항상
그러한 불운을 딛고 일어난 사람
들이야.

생각나, 들려주고픈 말이 있다.

중학시절 담임선생님이 보내온 답장

대학시절 친구와 주고받은 편지들

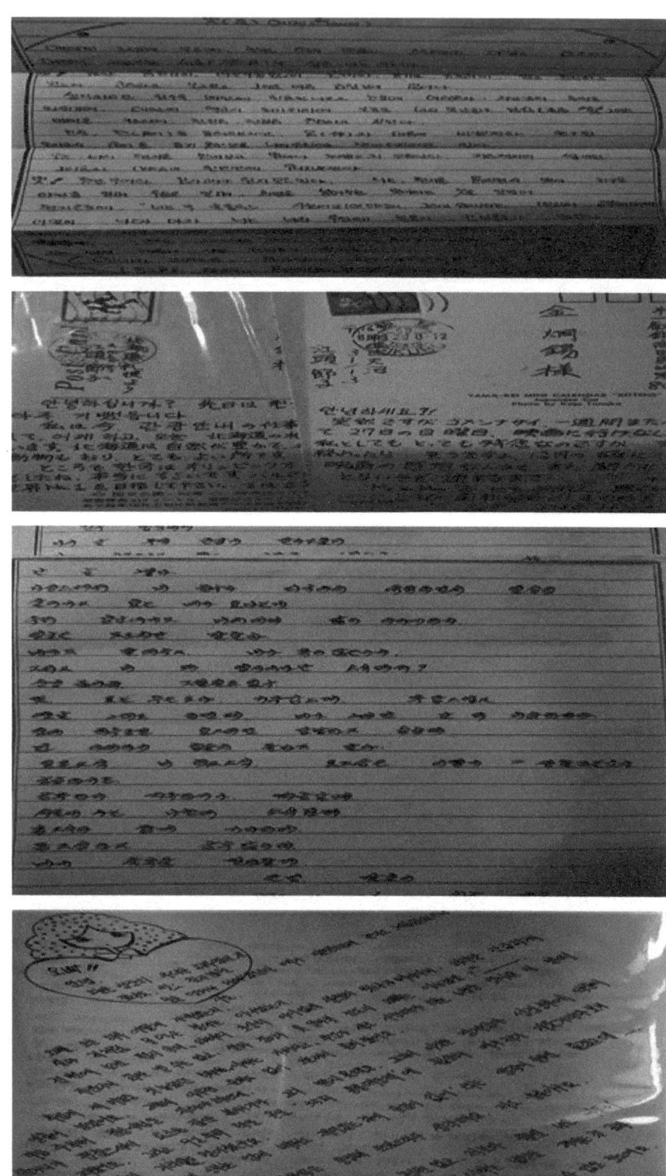

고향친구, 유학시절, 동창, 조카들과 주고받은 편지들

"보고픈 친구야"로 시작하여 "안녕"으로

마무리할 때면, 그리움과 기다림의 가슴앓이...

소태정마을 벽화

인생 8미(八味)

집이야 운치가 있으면 그만이지
어찌 그토록 넓어야 하나
꽃이야 향기가 있으면 그만이지
어찌 꼭 예뻐야 하는 걸까
길이야 다니기 좋으면 그만이지
어찌 그토록 빨라야 하나
물이야 마시기 좋으면 그만이지
어찌 꼭 맑아야 하는 걸까
돈이야 가치가 있으면 그만이지
어찌 그토록 많아야 하나
옷이야 걸치기 좋으면 그만이지
어찌 꼭 비싸야 하는 걸까
밥이야 먹기에 좋으면 그만이지
어찌 그토록 맛나야 하나
술이야 기분이 좋으면 그만이지
어찌 꼭 취해야 하는 걸까

물처럼 밋밋하게 사느냐 아니면,
술처럼 짜릿하게 살아야 하나요?

“물처럼 밋밋하게 사느냐 아니면,

술처럼 짜릿하게 살아야 하는 걸까”

오! 세라비-세상사는 이유

누구나 세상사는 이유 하나쯤은 가지고 살아가기 마련이다. 내가 태어난 건 어쩌면 우연도 필연도 아닐진대, 살아갈수록 행복은 왜 자꾸만 멀어져가는 걸까?

살다보면 사랑받을 때도 미움받을 때도 있겠지.

웃어서 웃는 게 아니라 웃퍼서 쓴맛단맛 넘나드는지라. 오! 세라비(Cest la vie) 이런 게 인생이지.

어쨌거나 욕심이 많아서, 아니면 돈 때문인가? 세상을 탓하기엔 너무 어리석은 넋두리 같으니 말이다.

베짱이처럼 적당하게 사는 게 좋을까,

일개미처럼 악착같이 사는 게 좋을까,

나무늘보처럼 어정버정 사는 게 좋을까?

어찌된 건지 세상은 내 맘대로 안되는 것 투성이라. 오! 세라비, 이런 게 인생이지.

할 수 없는 건 안하고 싶고, 휘뚜루 마뚜루 하고싶은 것만 하고 싶은지라. 어제는 그런대로 꿈같은 날을 즐겼기에, 오늘은 나름대로 열정을 쏟았기에, 내일은 또 다른 꽃잠을 원할지도 모르지.

봄이면 꽃무리들도 오롱조롱 뿜뿜거리며 피어나는지라. 어쩌면 개짱이처럼 사는 것도 재미 쏠쏠할지도 모르지. 장자(莊子)형도 말했듯이, 세상엔 홀가분하게 왔다가 홀연히 사라질 뿐이라.

세상살이 '소연이왕(翛然而往)소연이래(翛然而來)'라, 무슨 도깨비 씨나락 까먹는 소리라 해도 좋다. 더 이상 무슨 말이 필요하지, 오(oh)! 세라비, 그런 게 인생이야.

지은이 소개

베 니 김

본명 김형석. 전북 순창 출신으로 고려대 러시아문학과 재학중에 일본 와세다대학으로 유학, 동 대학원에서 문학석사 졸업. 1996년에 귀국하여 영상산업기자로 영상업계에 첫발을 내딛게 되면서, 〈영상산업신문〉 편집국장, 영화주간지 〈Cinebus〉 편집장을 거친 후, 동국대 문화예술대학원 강사, 영상물등급위원회 심의위원 등 다년간 영화업계의 경험을 살려 〈영화마케팅비즈니스〉(99년)를 시작으로 영화관련 책을 집필한 바 있습니다. 참고로 대학원 강의때 이태리 명작 〈인생은 아름다워〉의 로베르토 베니니 감독을 닮았다는 덕담으로 '베니김'이란 필명을 사용하고 있습니다.

지금은 진안 산골마을에서 살면서 짬짬이 써온 시작(詩作)으로, 올해 전북계간지 〈표현〉 가을호를 통해 등단 이후, 나름대로 낭만호미 한자루 손에 들고 무언가 게미진 것들을 캐내고 싶은 시시지락 속에 달그락 후비적거리며 살고 있습니다.

주요 저서로는 〈캐릭터비즈니스〉(편역, 문지사, 2000년), 〈영화매니지먼트〉(문지사, 2002년), 〈영화검정〉(공저, MJ미디어, 2008년), 〈영화처럼 살아보기365〉(MJ미디어, 2012년), 〈영화탐구생활〉(MJ미디어, 2020년) 등이 있습니다.